MACRAMÈ PER PRINCIPIANTI

LA GUIDA DETTAGLIATA PER IMPARARE LE TECNICHE DELL'ARTE DEL MACRAMÈ. 32 PROGETTI ILLUSTRATI STEP BY STEP PER CREARE OGGETTI FATTI A MANO PER DECORARE LA CASA E IL GIARDINO.

D1666804

AMANDA KIM

Nota Legale

Le informazioni contenute in questo libro e i suoi contenuti non sono pensati per sostituire qualsiasi forma di parere medico o professionale; e non ha lo scopo di sostituire il bisogno di pareri o servizi medici, finanziari, legali o altri che potrebbero essere necessari. Il contenuto e le informazioni di questo libro sono stati forniti solo a scopo educativo e ricreativo.

4

Accetti che, continuando a leggere questo libro, quando appropriato e/o necessario, consulterai un professionista (inclusi, ma non limitati a, il tuo dottore, avvocato, consulente finanziario o altri professionisti del genere) prima di usare i rimedi, le tecniche o le informazioni suggeriti in questo libro.

Indice

Introduzione

Per gli uomini e le donne che vorrebbero imparare a fare il macramè, c'è una gamma di aree disponibili sul mercato. Creare nodi intricati che producono interi motivi che potrebbero allo stesso modo essere trasformati in splendidi braccialetti, cesti di fiori e arazzi decorativi è proprio ciò su cui si basa il macramè. Il primo passo per cercare di capire esattamente come fare il macramè, nel caso in cui tu sia interessato a questo argomento, è capire come fare i nodi di base e un paio di diagrammi.

Le abilità visive sono di immenso aiuto per l'apprendimento del macramè senza problemi. Per molte persone, è più semplice da seguire insieme a diagrammi al posto di linee guida scritte che possono essere piuttosto difficili da comprendere. Ogni volta che hai familiarizzato con gli esempi visivi, è il momento perfetto per acquisire praticamente la procedura per macramè.

Principiante macramè

Proprio come qualsiasi cosa nella vita, incontrerai una quantità infinita di tecniche per iniziare ad analizzare una nuova attività manuale. Non mi ritengo un'esperta di macramè. In effetti, sono una principiante. Passo dopo passo, ti accompagnerò semplicemente durante il mio viaggio privato per dimostrare un metodo per eseguirlo.

Fornirò ciascuno degli strumenti di cui hai bisogno per trovare la tua soluzione per rendere piacevole l'arte del macramè. La cosa buona è che non devi diventare un professionista per creare pezzi di decorazione decisamente sorprendenti per la tua casa. Francamente, sembra molto più difficile di com'è in realtà. Quindi, iniziamo.

Primo: esercitati nel metodo ideale per fare macramè

Come qualsiasi cosa, si presume che comporti un piccolo costo. Quanto esattamente? Il mio primo lavoro "reale" mi è costato circa $ 30 a causa della corda macramè e pochi dollari a causa del suo tassello di legno.

Pratica del lavoro di macramè

Motivi per cui esorto questo tipo di lavoro "terapeutico":

—

Colma il divario di tempo mentre aspetti pazientemente la corda macramè.

Questo ti darà l'opportunità di familiarizzare con diversi nodi macramè, i loro nomi e il modo per completarli.

Alla conclusione del tuo lavoro sarai gioioso e totalmente desideroso di ingrandirti, o capirai che questa attività non fa per te.

Il completamento di questo impegno vi fornirà una sicurezza nell'impegnare denaro e tempo per una prima "vera" attività di macramè.

Secondo: che lavori posso realizzare esattamente con il macramè?

Decidi quale lavoro potresti dover creare. Guarda le foto di macramè sul web. È possibile fare ricerche su Etsy, P-interest, oltre a Google. Fai qualche ricerca per padroneggiare esattamente tutto ciò che è disponibile sul mercato.

Che tipo di attività di macramè produrrò? Inizia in piccolo.

Porta piante

Gioielli come choker o braccialetti

Arazzi

Segnalibri

Portachiavi

I lavori più grandi comprendono:

Tavolo da pranzo

Amaca

Copri lampada

Tappeto

Testiera

Ghirlande (anche da appendere)

Scegli il tipo di lavoro. Arazzi e supporti per piante saranno molto probabilmente entrambi compiti comuni per i principianti.

Dove andrà messo? Questo può sicuramente aiutare a determinare quali dimensioni stai tentando di produrre.

Individua un design adatto a te. Forma libera più lunga e organica o simmetrica?

Dove posso individuare i modelli di macramè?

Ogni volta che hai determinato quale tipo di lavoro e design ti attrae personalmente, sei pronto per cercare un design tutto tuo. Io ho scoperto il design Etsy.

Non hai bisogno di avere un design per forza. Troverai le immagini di Gazillion su YouTube che potrebbero aiutarti nella costruzione di molte attività che amerai. Tre ragioni principali per cui ho deciso di iniziare un progetto sono:

Avevo cercato in Etsy suggerimenti per il tipo di progetto che desideravo produrre e mi sono resa conto che l'acquisto di modelli era un'alternativa. Mi sono innamorata del lavoro che era esattamente quello che stavo immaginando.

I modelli sono una scelta davvero economica ($ 5- $ 10).

Mi è piaciuta l'idea di non dover lavorare fianco a fianco su un'immagine, interrompendola e avviandola frequentemente. Farlo direttamente dal mio computer sembrava più rilassante per me.

Di cosa ho bisogno per il macramè?

Una volta che hai il tuo progetto/modello, saprai esattamente quanta corda acquistare. Lasciati guidare dal tuo gusto personale e design per scegliere la tonalità e gli oggetti. Su Etsy, promuovono la corda (o cavo).

Posso farcela?

Sì, sono qui per farti sapere che puoi.

Ecco un piccolo dietro le quinte della mia esperienza:

Quante volte devo ripetere l'esercizio per imparare un nodo macramè?

Nel mio impegno ho perso il conto di tutte le volte che ho dovuto ripetere da capo e iniziare. Mi sono anche chiesta se facesse davvero per me. Per questo motivo, è del tutto normale avere dubbi momentanei durante il processo di apprendimento.

Cosa utilizzare per poter lavorare il prodotto?

Io utilizzo un "appendiabiti tondo", tuttavia è costoso e forse non obbligatorio per chi non ne ha uno.

Puoi lavorare con un gancio o anello.

Puoi appenderlo ad una maniglia, a un cassetto o persino in qualsiasi altro posto.

Un'alternativa sarebbe usare un gancio più ventosa o forse un gancio per ghirlande sopra la porta.

Si potrebbe danneggiare l'opera d'arte se l'appendi ad un chiodo sulla parete.

Seguire attentamente un diagramma, anche se ben metodico e chiaro, non ti garantirà di fare un lavoro preciso. È fondamentale fare molta pratica con un nastro per acquisire la capacità. Come per tutte le capacità acquisite, il macramè richiede formazione. Trova alcuni esempi di formazione chiari di diagrammi che sono semplici da eseguire. Potresti realizzare rapidamente quelli che sono più semplici per passare poi ai modelli più elaborati. Riuscirai a progredire con molto esercizio e tempo.

Il macramè è il mestiere storico di annodare la corda o la fibra da modelli distinti per generare servizi e prodotti decorativi e pratici. Poiché molte delle prime culture avevano rappresentato il collegamento tra stili di arte e tecniche, la forma di macramè che utilizziamo ogni giorno ha le sue radici nell'antica Cina. Il termine macramè però deriva dall'arabo e significa "frangia".

Nel corso del tempo, il macramè si diffonde in tutto l'Oriente e l'Europa, grazie in parte sia ai marinai che ai mercanti, che praticavano l'arte del nodo per scopi decorativi e di resistenza. I metodi del macramè venivano usati fin dai secoli bui per gestire i gioielli da cordoglio tra i capelli, una pratica che durò fino al 19° secolo. Dall'età vittoriana, il macramè era un passatempo preferito ed elegante in Inghilterra, usato per pizzi, dettagli decorativi e abbigliamento.

Gli anni '60 e '70 videro una rinascita dell'attenzione nell'artigianato annodato, con i porta piante macramè, arazzi, accessori e gioielli. Colori vivaci e design audaci fanno parte di quest'epoca.

Il macramè ricopre una gamma di articoli di design e accessori per la casa ora disponibili. Dai gioielli di canapa alle borse intrecciate, ha generato un effetto sulla tendenza e anche a casa tua. Ora presenta colori più spessi e rilassanti e anche una varietà di fibre, trame e oggetti d'antiquariato. Il macramè è in realtà una fantastica attività: ciò di cui avrai bisogno può essere solo un cavo, delle forbici, ganci, insieme a un rivestimento funzionale.

Non avere fretta, lavora con calma e pazienza per capire esattamente come fare macramè. In qualsiasi momento hai acquisito familiarità con i modelli dei nodi diretti, spostati verso l'alto per creare lavori semplici come braccialetti. Oltre ai nodi, bisogna poi acquisire un occhio per le migliori colorazioni per fornire i lavori di annodatura.

I braccialetti sono fantastici per i principianti perché i nodi più facili sono richiesti senza un alto volume di eleganza. Se ti senti a tuo agio con le tue capacità, allora sei in grado di gestire passaggi molto complessi. La cosa più sicura in assoluto sui design complicati e incredibilmente complessi è che a volte sono modellati per generare oggetti decorativi che sembrano eccezionali.

In primo luogo, bisogna stabilire un periodo di tempo in cui lavorare, dipende da diverse variabili come la velocità con cui sei in grado di comprendere il processo. Se stai lavorando a maglia o cucendo per un periodo prolungato, la raffinatezza deve essere alta.

Il macramè è un modo popolare per decorare da decenni, portando calore e consistenza in una casa o in un appartamento con nodi che possono essere uniti per realizzare arazzi unici, porta piante e altro ancora.

Acquisisci conoscenza per annodare

Prima di essere pronto per iniziare a imparare il macramè, raccogli la tua attrezzatura e familiarizza con alcuni requisiti che dovrai comprendere.

CAPITOLO 1

Iniziare con il macramè

Forniture e materiali

Ecco cosa devi sapere per allenarti sui nodi macramè:

Filo macramè: può essere qualsiasi tipo di corda, spago o trefolo in cotone, iuta o sostanza sintetica. Può essere di varie dimensioni, colori e rotazioni.

Supporto: potresti aver bisogno di qualcosa a cui collegarti. Le scelte popolari comprendono bastoncini, rami, cerchi o fasce. Abbiamo usato un tassello di legno per tutti questi nodi.

Condizioni principali per il macramè

Troverai solo due o tre requisiti principali che dovresti conoscere prima di iniziare:

Corda di lavoro: il cavo o la coppia di corde che utilizzi per creare i veri nodi.

Cavo di riempimento: il cavo o la coppia di cavi che avvolgono i nodi.

Qualche nodo o raccolta di nodi che possono essere utilizzati in replica.

CAPITOLO 2:

Storia del macramè

Offrire alle persone soddisfazione per le cose che devono usare, questo è uno dei suoi scopi; dare piacere alle persone nelle cose che devono fare, questo è l'altro modo di usarlo. Sebbene ora possiamo considerare la formulazione di questa affermazione vecchia scuola, il cuore di essa sembra ancora importante. La teoria della decorazione di William Morris ha ispirato un intero movimento e vale ancora oggi. Pensaci: l'acquirente moderno vuole conoscere sempre di più la storia che si cela dietro ai produttori e ai loro prodotti. L'interesse per i negozi Etsy e per i piccoli produttori continua ad aumentare, con piccoli marchi che ora sono cult.

Il movimento dell'arte e dei mestieri della fine del 1800 si è concentrato sul valore dell'artigianato, più specificamente in reazione alla rapida industrializzazione. Sebbene non includesse un solo stile, era composto da mobili, arte, carta da parati, tessuti, decorazioni per la casa e altro ancora. Fulcro: creare oggetti di alta qualità che i computer non possono realizzare.

Un nodo è la semplice azione di collegare insieme due estremità libere. Diamo a malapena un secondo pensiero all'azione, ma c'è molto di più in un nodo. Sin dai primi esseri umani, i nodi sono stati il compagno costante dell'umanità, utilizzandolo in applicazioni pratiche e trasformandolo in oggetti mistici, scientifici, religiosi, medici, artistici e decorativi. Il macramè è un esempio di come le persone hanno trasformato il semplice atto di annodare in una forma d'arte.

La fragilità degli oggetti tessili è un'esperienza frustrante da parte degli archeologi: si disintegrano molto prima che possano essere scoperti per l'analisi e la documentazione. Questo era lo stesso problema nel risalire alle origini del macramè. Gli esperti ritengono che l'annodare sia dovuto dall'esigenza di costruire e lavorare dell'uomo.

Quando le persone pensano al macramè, immaginano i frutti della crescente popolarità della tecnica tessile negli anni '70: aggeggi per piante sospese e tavoli in vetro, paralumi a più livelli e cinture, borse e altri accessori preferiti dalla bohémien. Mentre il macramè si adatta ad altri modelli del periodo, le sue radici risalgono a migliaia di anni fa attraverso gli oceani. Molti credono che il termine "macramè" derivi dalla parola araba migramah, o "frangia". I primi "macramè" conosciuti furono tessitori arabi del XIII secolo, che iniziarono a fissare le estremità libere di tessuti, come asciugamani e scialli, annodando nodi decorativi. La tecnica è vecchia quanto la sua struttura di base: il nodo.

La piegatura e l'imbottitura in eccesso su fogli e veli sono annodate in frange decorative sul bordo di tessuti telati a mano da questi artigiani.

Il macramè è preferito soprattutto dalle donne in questi giorni, come molte attività di tessuti, ma alcuni dei macromeri più famosi e popolari erano uomini, marinai, per essere più precisi. Tali marinai hanno anche iniziato a legare per mesi in mare e incorporando usi più pratici, come i campanelli e le scale di corda. Quando le navi attraccavano in diversi porti, i marinai spesso vendevano o barattavano i loro lavori, e l'arte del macramè - e la divulgazione di prodotti nautici come corde e spago - cominciarono a diffondersi in altre nazioni, compresa la Cina, allora conosciuta come il nuovo mondo.

I marinai creavano oggetti in macramè in mare nelle ore in cui non erano in servizio e quando sbarcavano li vendevano o li barattavano. I marinai britannici e americani del diciannovesimo secolo realizzavano amache in macramè, frange a campana e cinture. Dopo la maggior parte dei nodi frequenti utilizzati, hanno inventato il processo di "annodamento quadrato". Chiamato anche "merletto McNamara" dai marinai.

I marinai non erano gli unici a praticare il macramè. I Mori introdussero in Spagna, che occuparono fino al XV secolo, la tecnica di annodatura araba, e alla fine si trasferirono in Francia e in Italia. In Inghilterra, la regina Mary II insegnò alle sue dame a fare il macramè nel XVII secolo; quasi 200 anni dopo, durante il regno della regina Vittoria, quest'arte era ancora di moda. I dettagli in macramè decoravano di tutto, dalla biancheria da tavola alle tende ai copriletto ed erano un hobby popolare per le donne del periodo. Molte case vittoriane erano decorate con questa tecnica.

All'inizio del movimento femminista, la rinascita del macramè rappresentava una più ampia dicotomia culturale: da un lato, molte di queste donne si piegavano alle tradizionali norme di genere, come il matrimonio e la maternità, alla ricerca di maggiore autonomia e libertà finanziarie e sessuali; dall'altra, nel loro tempo libero, riportarono in voga un'era nota per il suo approccio selvaggio, esagerato, disinibito e grandioso. Negli anni '70, quasi tutto era fatto di macramè.

Certo, il più grande scopo di macramè dell'epoca era il divertimento. La storia del gufo macramè, uno degli esempi più onnipresenti e assurdi del mestiere, è alquanto enigmatica. I gufi sono stati un tema popolare nell'arredamento della casa negli anni '70 e il fenomeno potrebbe essere correlato agli Stati Uniti, ovvero alla decisione nel 1971 del servizio forestale di nominare il gufo Woodsy come mascotte. Dopo il famoso viaggio del presidente Richard Nixon in Cina nel 1972, il Feng shui divenne altamente commerciabile negli Stati Uniti ed era il contenuto maturo per il crescente movimento New Age.

Nel 1977, l'ex rivista "Home" del Los Angeles Times non solo commercializzò il gufo macramè come il pezzo di arredamento indispensabile per la casa, ma offrì anche un kit fai da te da $ 7,95. Quando all'inizio degli anni '80 il macramè passò di nuovo di moda, migliaia di gufi, un tempo preziosi, furono scartati. I sopravvissuti possono ancora essere trovati nei negozi dell'usato e su Etsy.

Il macramè è quasi svanito negli anni '80, '90 e '00 come tendenza per l'arredamento della casa, ma il mestiere ha fatto un ritorno costante negli ultimi cinque anni. Il bohémien moderno include non solo la moda e la decorazione della casa, ma un intero stile di vita basato sulla crescita personale, lo sviluppo spirituale e l'importanza della cura di sé, soprattutto per le donne. Gli hobby con un'eredità femminile, comprese le attività tessili come il macramè, hanno suscitato interesse; grazie a Facebook, eBay, Pinterest e altri siti social ed e-commerce, il macramè moderno ha suscitato interesse nuovamente.

Abbiamo eliminato diversi oggetti popolari degli anni '70, e il macramè è uno di questi. Ci sono stati artisti degli anni '70 che hanno portato il macramè da un artigianato domestico a gallerie di tutto il mondo. E questo non è diverso dal nostro presente. Ci sono persone che prestano attenzione al ritorno del macramè con il ritorno del fenomeno delle piante d'appartamento. Questo può anche spiegare perché le piante a palla sono diventate un successo nell'arte giapponese. Ma questi sono più costosi e difficili da produrre e non adatti a tutte le piante, quindi un gancio per piante è una buona alternativa.

L'arte del macramè si basava su una serie di artefatti pratici. Allo stesso tempo, artisti in Portogallo, Ecuador e Messico hanno continuato a sviluppare choker e borsette come artigianato indigeno, mentre il macramè ora si concentra su diversi oggetti.

Ho trovato un'applicazione di macramè molto interessante che riguarda l'applicazione pratica della legatura del nodo. Durante le ricerche, mi sono imbattuta in un blog che descriveva un braccialetto Paracord, ed è un braccialetto macramè.

Sappiamo che il macramè è entrato a far parte della produzione di massa negli anni '60 e '70 comportando la rinascita dell'artigianato. Un'idea che suona reale è con la consapevolezza della generazione millenaria di vivere uno stile di vita più verde e il desiderio di vivere più vicino alla natura, ma questo è difficile per molti in piccoli appartamenti senza giardino. Quindi, il macramè è un'ottima soluzione per appendere le piante. Questo potrebbe anche essere il motivo per cui l'arte giapponese dei kokedama è diventata un tale fenomeno.

Un'altra parte interessante è il modo in cui il macramè e altre abilità artigianali vengono utilizzate dai diversi paesi e dalla loro gente come fonte di reddito nelle aree povere. La ricerca suggerisce che l'arte del macramè è stata ora adottata in Ghana come uno dei più importanti metodi di produzione di accessori di moda. Questa forma d'arte è ora un metodo alternativo, in particolare per la produzione di borse e scarpe nell'industria della moda. Negli ultimi anni è aumentato il numero di giovani consumatori di prodotti a base di macramè. Oggi l'arte del macramè non è solo un'opera giovanile, ma un riconoscimento dello sviluppo creativo dei giovani ghanesi.

Può essere molto rilassante e terapeutico per il corpo, la mente e lo spirito realizzare un prodotto a base di macramè; è anche una scelta per l'arte ecocompatibile. Questi sono solo alcuni dei vantaggi che gli amanti del macramè ritengono di trarre da questa forma d'arte.

CAPITOLO 3

Le basi del macramè (terminologie)

Anche se il macramè è diventato un'arte abbastanza popolare, ci sono ancora molte parole e abbreviazioni di cui le persone potrebbero non essere consapevoli o non conoscerne il significato.

Adiacente - uno accanto all'altro.

Alternando - Attacca un nodo a un cavo e poi spostati per legare un altro cavo allo stesso nodo.

ASK – Alternanza di nodi quadrati. Questa abbreviazione è spesso usata nei motivi macramè perché i nodi quadrati sono comunemente usati.

Fascia – Un pezzo di macramè lungo e liscio.

Banda – Una serie di nodi nel disegno che creano una posizione elevata.

Doppino – Una piccola porzione di corda piegata che viene forzata attraverso le altre sezioni del nodo.

Corpo – La sezione principale del progetto sul quale stai lavorando.

Treccia - Le trecce sono talvolta note anche come maglia e sono formate per avvolgersi l'una attorno all'altra collegando tre o quattro corde.

Corda intrecciata – Un tipo di corda composta da diversi pezzi di corda più sottili intrecciati insieme. I cavi ritorti tendono ad essere più durevoli.

Fascio – Una serie di fili che sono stati immagazzinati.

Nodo del bottone - un nodo decorativo stretto e rotondo.

BH – I nodi della testa dell'allodola verticale vengono utilizzati per creare un anello che potrebbe essere utilizzato per il fissaggio o l'unione di parti.

Macramè cinese - Disegni annodati provenienti dalla Cina e altri paesi asiatici.

Nodo combinato – Per creare un nuovo tipo di nodo o elemento di disegno, utilizzare due o più nodi.

Corde - Le corde sono qualsiasi materiale in fibra utilizzato per costruire progetti con macramè.

Nucleo/centro - cavo/i che attraversa il centro di un progetto e si annoda attorno ad esso. Questi sono a volte indicati come riempitivi o stringhe principali.

Gancio – La parte curva di un cappio.

Diagonale – Una linea o fila di nodi che si estende dall'alto a destra verso il basso (o viceversa). I nodi diagonali, come i nodi a mezzo nodo, sono spesso usati nei disegni macramè.

Diametro - la larghezza, di solito in millimetri, di una corda.

DDH - Mezzo gancio doppio. Questo concetto di macramè significa collegare due nodi di semi giunto uno accanto all'altro.

Riempitivi - corde che rimangono al centro di un motivo e sono annodate attorno ad esso. Denominati anche cavi centrali.

Materiali di recupero - oggetti e chiusure diversi dalle corde che possono essere utilizzati per costruire anelli, fermagli e altri oggetti funzionali o decorazioni in disegni macramè. Ci sono esempi di fili per le orecchie e fermagli.

Nodo finale - Un nodo legato per fissare le estremità del filo e per evitare che si srotolino.

Frangia - Il cordoncino termina le lunghezze non annodate ma lasciate sospese.

Nodi di fusione - Un altro termine per nodi di combinazione.

Tassello – Un termine usato per disegnare i lati di un progetto 3D come una borsa.

Gancio – Un nodo comunemente usato per legare le corde ad altri oggetti.

Intreccio - Le corde vengono intrecciate insieme per collegare varie aree.

Annodatura del cordoncino - il cordoncino utilizzato in un disegno per legare i nodi.

LH– nodo della testa di Lark - è chiamato anche nodo a testa di allodola.

Nodo/cappio – La forma circolare o ovale creata dall'incrocio di due parti di una corda.

Micro macramè – Progetti in macramè realizzati con materiali delicati o di piccolo diametro. Il micro-macramè è spesso definito come qualsiasi macramè che utilizza corde con un diametro inferiore a 2 mm.

Montatura – Un oggetto utilizzato come parte di un progetto macramè, come un tutore, una cornice o una maniglia. Ad esempio: corde montate su manici in legno all'inizio di un progetto con una borsa in macramè.

Naturale - Generalmente questo termine è usato per riferirsi a corde e si riferisce a qualsiasi materiale costituito da piante, legno e altre sostanze naturali come canapa e cotone.

Rete – Una serie di nodi con spazi aperti tra di loro. La rete viene spesso utilizzata per costruire cose come borse e appendiabiti per piante.

Nodo overhand - un nodo formato facendo un cappio in un pezzo di corda e tirando un'estremità attraverso di esso.

Picot – Nodi/cappi sui lati di un disegno che risaltano. Questi sono visti più spesso nelle prime tendenze.

Treccia – Le corde vengono intrecciate in uno schema alternato incrociandone tre o più. Indicato anche come una maglia.

Smerlatura – Nodi passanti creati lungo i bordi del disegno di un macramè.

Segmento - nodi, corde o aree di disegno comuni.

Sennit – Questo termine, noto anche come sonetto, è una singola catena di nodi identici.

Estremità in piedi - L'estremità del cavo è fissata su una tavola di macramè o su un'altra superficie e non crea nodi.

SK – Square Knot (nodo quadrato) - Un nodo comune creato attaccando due corde a una o più corde.

Punto – Il punto è talvolta usato al posto del nodo nei primi motivi.

Sintetico - fibre artificiali come polipropilene e nylon.

Verticale - dall'alto in basso.

Vintage - un motivo, un nodo o una tecnica popolare all'inizio o all'inizio del 1900. Alcuni nodi e motivi vintage vengono ancora utilizzati immutati nel macramè, sebbene altri si siano evoluti o scomparsi.

Intreccio - Intrecciare corde significa metterle una sotto l'altra o una sopra l'altra.

Corda funzionante - Un altro termine usato per annodare la corda. Il filo con cui stai attualmente lavorando.

CAPITOLO 4

Decorazione e utilizzo pratico

Giardino (moderno e classico)

Guinzaglio per gli animali

È abbastanza facile creare il guinzaglio per animali domestici per dei principianti. I tuoi animali lo adoreranno sicuramente. Questo design è molto flessibile e facile da realizzare e da utilizzare a seconda dei gusti; i nodi da utilizzare per il collare dipendono da ciò che vuoi come parte della flessibilità di questo design.

Strumenti da usare:

• Gancio girevole • Colla • Filo da 4 mm o 6 mm • Bacheca e spilli.

I nodi da utilizzare sono:

• Nodo quadrato (o nodo piano) (SK) • Nodo overhand • Chiusura ad asola • Nodo a testa di allodola verticale (Vertical Lark)

Calcoli:

• La lunghezza del materiale (guinzaglio) dovrebbe essere determinata da te attraverso questo calcolo • Lunghezza del guinzaglio (Lg in cm).

Passaggi:

Metti le due corde verticalmente sulla tavola dopo aver ottenuto i loro punti medi corrispondenti e posizionali strettamente vicini l'uno all'altro. Il WC (filo, Working Cord) più lungo dovrebbe essere a sinistra perché è quello che verrà utilizzato per legare il nodo a testa di allodola (LHK) all'HC.

Una metà del LHK verticale dovrebbe essere fatto muovere usando il Wc sopra o sotto (a seconda dei casi) l'HC in modo da avere un nodo in senso antiorario. Tirandolo gradualmente a sinistra, dovresti farlo passare sopra il WC in modo da raggiungere il punto di incrocio. Raggiunto il punto di incrocio, lega l'altra metà del Vertical LHK passando il Wc sotto o sopra l'Hc, tirandolo a sinistra, passalo sotto il WC per fare anche il punto di incrocio.

Più LHK verticale dovrebbe essere legato e dovrebbe essere fatto dal centro nella direzione di un'estremità. Quando la prima metà della maniglia è di 15 cm, dovresti fermarti.

Le corde dovrebbero essere ruotate e tornare al centro, lasciando il WC a destra. I nodi dovrebbero essere fatti in senso orario mentre si riprende la legatura dei nodi e una volta che la maniglia raggiunge una lunghezza di 30 cm, dovresti fermarti.

I quattro segmenti dovrebbero essere riuniti, piegando così il sennit. Individua il WC durante il processo. Lega un SK usando i 2 WC e dovrebbe essere stretto. I riempitivi saranno le corde corte.

Piegare i 2 WC significa che dovremmo avere 4 fili con cui lavorare. Un nodo decorativo adatto dall'utente dovrebbe essere usato accanto a questo meraviglioso disegno, alcuni dei migliori nodi da usare insieme ad esso sono: il Nodo Quadrato, a Testa di allodole verticale e il Mezzo intoppo con corde di contenimento. Un minimo di 15 cm di materiale deve essere attaccato al gancio all'estremità del guinzaglio.

Per attaccare il gancio, due cavi devono essere fatti passare attraverso il cappio che si trova sul gancio e una finitura stretta dovrebbe essere legata con i quattro cavi. È il momento di usare la colla, mentre le quattro corde vengono tese. Quando si asciuga, tutti i materiali aggiuntivi devono essere rimossi o tagliati per rendere il lavoro molto pulito e bello. Puoi anche considerare un altro stile di finitura che prevede di spostare le estremità nella direzione del cinturino e metterlo sotto la parte posteriore dei nodi in modo che possa essere molto fermo.

Home Décor

Charm in macramè e decoro con piume

I charm e le piume sono sempre belli. Aggiungono quella sensazione incantevole alla tua casa e sapere che potresti realizzare decorazioni in macramè con ciondoli e piume porta il tuo artigianato a nuovi livelli! Dai un'occhiata alle istruzioni qui sotto e provalo tu stesso!

Di cosa hai bisogno:

- Bastone / tassello

- Piume e ciondoli con fori (per inserire il filo)

- Corda per ricamo / bucato (o qualsiasi altra corda o filo che desideri)

Istruzioni:

Taglia tutti i pezzi di corda che vuoi. Da 10 a 12 pezzi vanno bene, quindi piegali a metà. Assicurati di creare un anello a ciascuna estremità, come quelli che vedi sotto:

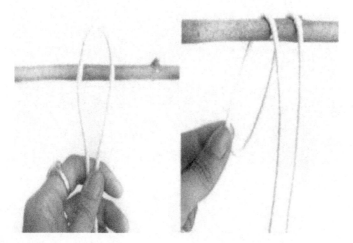

Quindi, avvolgi ogni pezzo di filo sul bastoncino.

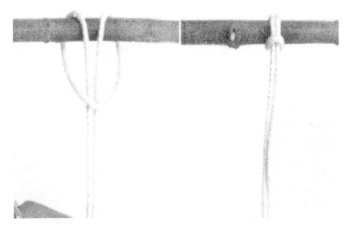

Usa il nodo quadrato e assicurati di avere quattro fili per ogni nodo. Lascia che il filo più a sinistra attraversi i due fili e poi mettilo sopra i fili che hai nel mezzo. Mettilo anche sotto i due centrali.

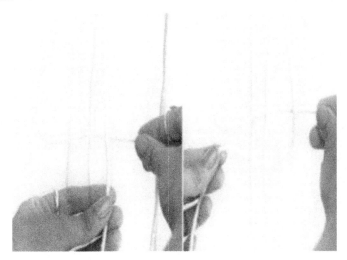

Controlla sotto le ciocche e lascia che la ciocca più a destra sia infilata sotto il cappio alla ciocca sinistra.

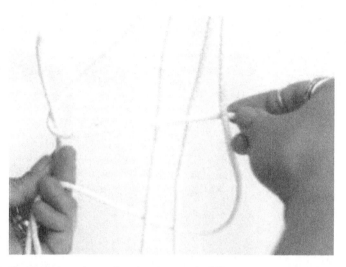

Stringi il cappio tirando insieme i fili esterni e inizia con il sinistro per ripetere il processo sui quattro fili. Vedrai quindi che si è formato un nodo quadrato dopo aver stretto insieme gli anelli.

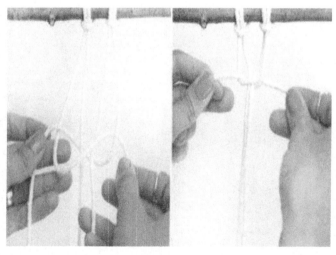

Unisci i fili insieme facendo nodi quadrati con i restanti quattro pezzi di corda e poi ripeti il processo di nuovo dal lato sinistro. Stringi il cappio tirando insieme i fili esterni e inizia con il sinistro per ripetere il processo sui quattro fili. Vedrai quindi che si è formato un nodo quadrato dopo che gli anelli sono stati stretti insieme.

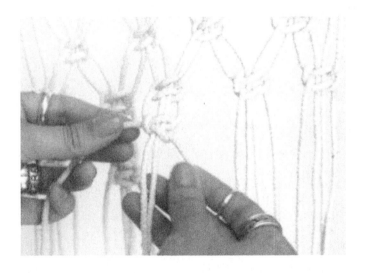

Puoi fare un nodo a otto e quindi attaccare solo ciondoli e piume all'estremità. Incollali e brucia le estremità per ottenere un effetto migliore!

Decorazione da parete in macramè

Aggiungere un po' di macramè alle pareti è sempre divertente perché ravviva lo spazio senza renderlo angusto o troppo opprimente per i tuoi gusti. È anche bello senza essere troppo complicato da realizzare. Puoi verificarlo qui sotto!

Di cosa hai bisogno:

- Grandi perline di legno

- Colori acrilici

- Nastro per pitturare

- Forbici

- Pennello

- Tassello in legno

- 65 m di corda

Istruzioni:

Attacca il tassello a un muro. È meglio usare solo ganci rimovibili in modo da non dover trapanare.

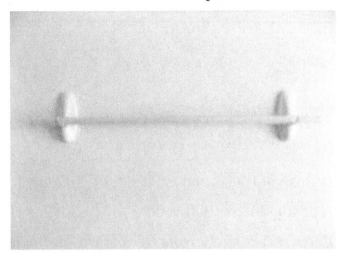

Taglia la corda in pezzi da 12 x 3 e 1 x 4 m. Usa pezzi di 4 m per fermare il tassello. Continua a farlo con il resto della corda.

Quindi, inizia a fare doppi nodi a mezzo nodo e continua fino in fondo, come mostrato di seguito.

Una volta arrivato all'estremità del tassello, lega i nodi in diagonale in modo che non cadano o si sciolgano in alcun modo. Puoi anche aggiungere le perline di legno come preferisci, in modo da ottenere il tipo di arredamento di cui hai bisogno. Assicurati di fare i nodi dopo averlo fatto.

Usa quattro corde per fare i nodi di scambio e mantenere la decorazione ancora più sicuro. Lega circa 8 di questi.

Aggiungi un doppio mezzo nodo e poi legali di nuovo in diagonale.

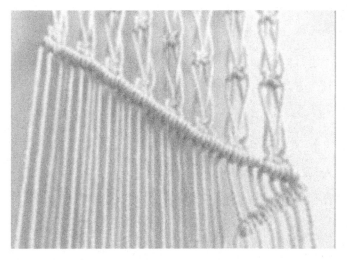

Aggiungi altre perline e poi taglia le estremità della corda.

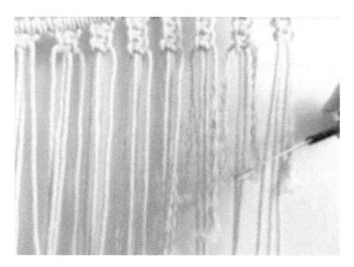

Dopo aver tagliato la corda, vai avanti e aggiungi un po' di vernice. I colori estivi o al neon sarebbero ideali.

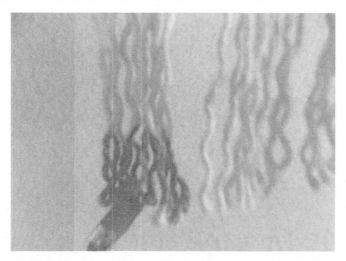

È tutto! Ora hai la tua decorazione da parete in macramè!

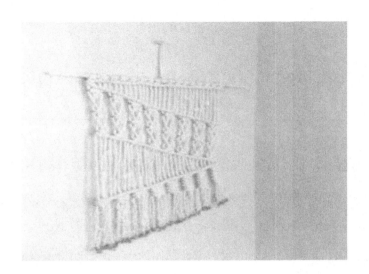

CAPITOLO 5

Benefici per la salute dei ganci in macramè

L'attività era così popolare negli anni settanta che praticamente tutti decoravano con supporti a parete in macramè in diversi colori e utilizzando vari tipi di corde. Potrebbero essere scoperti altri supporti per piante da parete per portare piante da interno nel soggiorno e nella zona cottura, dove grandi finestre si aprirebbero sul cortile, lasciando entrare la brezza.

I supporti a parete per piante in macramè hanno creato idee fantastiche per un'attività artigianale o per un regalo artigianale per un buon amico. È semplice da fare. Può essere svolto semplicemente in un giorno o anche mezza giornata. Ai bambini veniva insegnato dalle loro nonne, zie e mamme.

Avere piante da appartamento elimina ogni giorno circa il 96% del monossido di carbonio da uno spazio, secondo gli studi di ricerca condotti dalla NASA. Si ritiene che piante particolari eliminino altri cattivi contaminanti, come la formaldeide, dall'aria. Questa brutta sostanza tossica può essere scoperta in tutti i tipi di luoghi, come un tappeto nuovo di zecca o una tappezzeria artificiale.

Per cominciare, le piante producono l'ossigeno necessario; assorbono sostanze tossiche e CO2; riordinano i COV rilasciati da plastica, fibre di tappeti, vernici e prodotti per strutture artificiali che innescano la Sindrome da edificio malato, mal di testa, gola dolorante e secca, pelle secca o irritata e stanchezza; aiutano le persone a riprendersi rapidamente da una malattia e sviluppano un ambiente più calmo e rilassante. Realizzare supporti da parete per piante in macramè, o offrirne uno come regalo, motiva la coltivazione di piante da interno. Quale regalo premuroso potresti offrire ai tuoi cari in casa se non sviluppare un ambiente sano? Il metodo migliore per presentare le piante da interno è attraverso moderni supporti a parete in macramè moderni.

Tieni presente che realizzare supporti a parete per piante in macramè per la tua casa o come regali, non è un semplice supporto da parete per piante. Tenendo questo a mente, è ora di prendere le corde del macramè e iniziare ad annodare!

La generazione Flower Power (potere dei fiori) ha avuto ragione la prima volta. C'è un vantaggio per la salute nel circondare la tua casa di fiori e piante. Un modo eccellente per coltivare piante e fiori è piantarli in vaso e appenderne alcuni utilizzando supporti a parete per piante in macramè.

Esattamente cosa possono fornire i supporti a parete per piante in macramè per la tua salute? Alla fine, le piante da interno offrono molti vantaggi per la salute, oltre ad essere famosi elementi di design per la casa.

La bellissima arte dei supporti da parete per piante in macramè

Questo supporto da parete è un regalo fantastico da fare. Con questi supporti, hai la possibilità di mantenere le tue piante all'interno della tua casa o all'aperto senza alcun danno alle piante. Il supporto da parete per piante in macramè è tra i diversi tipi di macramè che sta ripristinando l'attenzione di quest'arte. I supporti da parete per piante sono uno dei prodotti più apprezzati nella splendida arte del macramè. È adatto per mettere in mostra le tue piante. Puoi mettere le tue piante in vaso nel supporto a parete per fornire un aspetto incredibile e naturale.

I diversi colori del supporto da parete per piante in macramè ti offrono la possibilità di scegliere quelli più adatti ai tuoi gusti. Se utilizzato come supporto a parete per piante da esterno, il colore può corrispondere al tono di base della struttura per un effetto omogeneo. L'arte del supporto da parete per piante in macramè è per alcune persone un vero e proprio passatempo. Ci sono pochi prodotti da utilizzare, per questo motivo riduce al minimo le complessità associate ad alcuni mestieri.

Il supporto da parete per piante in macramè è la moda del momento. Quindi, usiamolo per mettere in mostra le nostre piante e per dare un tocco più naturale alla casa, ambiente di lavoro, galleria e così via.

CAPITOLO 6

Gli strumenti e i materiali essenziali che devi avere

Le origini utilitaristiche del macramè erano con la iuta, la canapa e il lino, così come altre fibre, che erano utilizzate principalmente per reti e tessuti. Man mano che marinai e mercanti raccoglievano diversi tipi di materiale dalle terre verso cui navigavano, aiutavano a far crescere l'arte e anche a trasmetterla.

Al giorno d'oggi, abbiamo nuove tecnologie, tessuti e, naturalmente, Internet, e la più straordinaria collezione di fibre, perline e scoperte per produrre qualsiasi cosa si possa immaginare.

Tuttavia, il macramè richiede più che solo fibre, perline e materiali di recupero. Ci sono anche altri strumenti di cui avrai bisogno per creare i tuoi lavori. Puoi acquistare rapidamente qualcosa che non hai a portata di mano nel tuo negozio di perline o artigianato locale o, in alcuni casi, anche nel tuo negozio di ferramenta locale.

Tavole macramè

I progetti di macramè devono essere fissati su una superficie mentre lavori, di solito con perni a T e/o nastro adesivo. Ciò semplifica la gestione delle corde e aiuta a mantenere i nodi sicuri e ben allineati. Nel tuo negozio di perline o artigianato locale o tramite rivenditori online, sono disponibili pannelli macramè appositamente realizzati e funzionano per la maggior parte dei progetti. Di solito sono circa 30 cm/46 cm e sono realizzati in fibra di legno. La maggior parte delle tavole di macramè create hanno una griglia sulla superficie e dei righelli lungo i lati. Possono essere rimossi, ma li lascio in posizione termoretraibile o sigillati, poiché li considero guide molto utili quando lavoro. Alcuni includono anche i semplici nodi macramè come illustrazioni didattiche.

Se il tuo progetto è troppo grande per stare su una normale tavola per macramè, potresti doverla creare tu. Scegli una superficie porosa; puoi appuntare anche il tuo lavoro più facilmente. Dovrai anche selezionare una superficie a cui puoi facilmente e senza danni aderire, rimuovere e riposizionare ripetutamente il nastro. Ho usato la superficie di una vecchia scrivania per iniziative più ampie. Per una lunga tenda, una volta ho progettato una tavola di legno di circa 91 cm x 183 cm per portare a termine il lavoro. Se creerai la tua superficie macramè, allora vorrai disegnare una griglia su di essa e aggiungere righelli ai lati. Se stai lavorando su una superficie non convenzionale, come un tavolo, potresti anche voler attaccare un pezzo di nastro con le misure scritte su di esso, in modo da avere una guida vicino a te.

Perni e nastro adesivo

Usando i perni, il tuo progetto è fissato alla tua lavagna macramè, quindi non si sposta mentre lavori. Sono utili anche quando si integrano diverse sequenze di nodi e altri elementi di design nei progetti per mantenere i fili in posizione.

L'opzione più comune per il macramè sono i perni a T. Hanno una buona lunghezza e la loro forma facilita l'inserimento e la rimozione ripetutamente. Questo è anche possibile usare perni con estremità sferica usati per cucire, ma non sono così robusti come perni a T. Sostituisci le puntine e le puntine da disegno, che sono entrambe troppo corte.

Utilizza anche nastro adesivo per legare i materiali alla superficie da lavoro. Se stai lavorando su una superficie più fragile, può essere un sostituto per i perni a T, ma è più utilizzato per fissare "corde di riempimento" - o corde intorno alle quali leghi le corde di lavoro - mentre leghi nodi quadrati e attorcigliati. (Nelle pagine seguenti, leggerai di più su questi.) Preferisco il nastro per pittura perché sembra essere più facile da rimuovere e riposizionare mentre lavori rispetto alla pressa per mascheratura. Evitare di rimuovere scotch nastro da imballaggio o qualsiasi altro nastro trasparente; sono tutti troppo appiccicosi e possono danneggiare le corde e la superficie e sono difficili da rimuovere dappertutto.

Forbici

Molti progetti di macramè sono realizzati con fibre sottili, che sono facili da tagliare con un semplice paio di forbici di design come quelle che probabilmente già possiedi. Potresti prendere un paio di forbicine da cucito fatte per cucire per tagliare la lunghezza in eccesso quando un progetto è completo. Ti permetteranno di avvicinarti davvero a qualsiasi nodo tu voglia tagliare.

Tutti i progetti menzionati in questo libro utilizzano pelle scamosciata e cordoncino. Per quelli servono un paio di forbici più potenti. Dal negozio di pelletteria, ci sono meravigliose forbici economiche che sono state le mie forbici a tutto tondo preferite. Possono gestire le pelli, ma sono abbastanza piccoli da tagliare le estremità attorno ai nodi e sono perfette per quasi tutto il resto. Se hai intenzione di lavorare frequentemente con questi materiali, vale la pena acquistare un paio di forbici di qualità superiore.

Adesivi

La maggior parte dei disegni di macramè viene eseguita utilizzando adesivo per proteggere i nodi finali. Il tipo di adesivo da utilizzare dipenderà dai materiali utilizzati. Il lino cerato, la canapa, il cotone, la seta e altre fibre sono perfetti per la colla bianca. La pelle e la pelle scamosciata sono ideali per il mastice. E-6000 e resina epossidica sono adesivi molto forti usati per incollare insieme oggetti non porosi, come fili e persino perle di labradorite, che vengono utilizzati per la fibbia della cintura a cuore. Entrambi questi adesivi richiedono un'adeguata ventilazione durante l'uso e devono essere applicati rigorosamente seguendo le avvertenze. Il mio preferito è la super colla a base d'acqua molto solida e versatile, atossica. Tieni a mente la tossicità della colla quando decidi quale adesivo è meglio usare per il tuo progetto, in particolare se verrà a contatto con la pelle.

Spaghi, corde

Se riesci a fare un nodo, probabilmente sarai in grado di fare il macramè. Il lino cerato e la canapa cerata sono due degli stili di fibra più comuni con cui lavorare. Sono disponibili in un'ampia gamma di colori e spessori. Il rivestimento in cera su quelle corde li aiuta incredibilmente a mantenere un nodo. I tuoi nodi e gli schemi di nodi che risultano saranno ben descritti. Quelle corde sono vendute da negozi di perline e artigianato, oppure puoi trovarle facilmente online.

Un altro materiale popolare per il macramè è il rattail, una corda di raso che si presenta in un arcobaleno colorato e almeno tre spessori distinti. Negli anni '70, il rattail era popolare ma non è mai passato di moda tra gli artigiani a cui piace integrare i nodi cinesi o celtici nel loro lavoro. Può essere scivoloso e, se non viene fissato, i nodi ben legati nel rattail si allenteranno. Ma i risultati sono così belli che vale davvero la pena usare questo prodotto.

Il mio preferito è la catena in polipropilene o poliolefina. Viene utilizzata per realizzare corde per la nautica, i viaggi e qualsiasi vocazione che necessiti di un materiale molto robusto e impermeabile. È perfetto per borse, amache o anche per guinzagli e collane. La gamma di colori non è così grande, ma le proprietà pratiche lo rendono una scelta ragionevole. Puoi trovarlo nel negozio di ferramenta più vicino.

La pelle e il pizzo scamosciato sono tessuti fantastici realizzati con il macramè. Sono disponibili diversi pesi per lacci. Cerca i lacci più morbidi ed elastici ed evita quelli più rigidi che potrebbero essere difficili da annodare. Considera la forma e lo scopo del tuo progetto quando determini il tipo di pelle che desideri utilizzare. C'è una piccola pelle scamosciata morbida che ho usato per borse minuscole, una tenda di perline e persino una collana, ma so per esperienza che una borsa più grande avrà bisogno di un pizzo più spesso e resistente. "Ultrasuede" è un'alternativa alla pelle e al camoscio. È un tessuto sintetico che resiste alle macchie e ha una sensazione molto simile alla pelle scamosciata ma è lavabile in lavatrice. È disponibile in un'ampia gamma di colori e in pochi spessori diversi. Innumerevoli taglie, modelli e colori in pelle, camoscio e ultra-camoscio sono disponibili nei negozi di perline, arte o pelletteria locale, oltre che online.

In alcuni degli accessori di questo libro, i filati di cotone e lana sono usati come una sciarpa, una cintura e persino un top all'americana. Ci sono così tanti bei filati là fuori, e devo confessare che sono sempre stato un po' gelosa dei maglieristi e di tutte le loro scelte! Ma non ho voglia di lavorare a maglia, preferisco il filo. Sperimenta con le tue opzioni mentre vai al negozio di filati. Puoi trovare diverse trame in filati di bambù, cashmere, alpaca, angora e altro oltre alle miscele di cotone e lana. I miei preferiti sono i filati grossi e variegati (come quello che ho usato per la sciarpa). Utilizza fibre belle e tinte a mano.

Gli elementi chiave da considerare quando si determina quale tipo di filato utilizzare sono: quanto bene si annoda? Se il materiale è troppo scivoloso, il nodo potrebbe cadere. Hai abbastanza materiale? Nel caso di alcuni filati speciali, tutto ciò che possono ottenere può essere quello che hanno in magazzino. Spesso è più facile acquistare tutti i colori particolari per essere sicuri di avere abbastanza prodotti. È meglio abbondare, piuttosto che rimanere senza tessuto.

Fil di ferro

Il fil di ferro è un materiale duro da usare per il macramè, ma se padroneggi il mestiere, i risultati possono essere fantastici. L'essenza del metallo è non piegarsi più e più volte. Manca di forza e la piegatura ripetitiva fa sì che il filo diventi fragile e indurito. Se lo pieghi avanti e indietro, ancora e ancora, alla fine si spezzerà. Anche il filo più pesante non ama piegarsi senza uno sforzo enorme. La maggior parte dei macramè di metallo è realizzata con fil di ferro di spessore più sottile, che è più facile da maneggiare. Quando funziona, si irrigidirà sempre, ma meno lo pieghi, meglio è.

Se non hai mai avuto a che fare con il fil di ferro prima, potresti dover familiarizzare prima con un filo di metallo meno costoso. Ci sono diversi tipi di filo tra cui scegliere, inclusi ottone, rame e filo artistico, disponibili in diversi colori. La maggior parte di questi, noti anche come calibri, sono disponibili in diversi spessori. A causa del suo spessore, più basso è il numero del calibro, più spesso è difficile piegare il filo.

CAPITOLO 7

Modelli e progetti dettagliati e illustrati con cui puoi iniziare

Mi piacciono le piante penzolanti sotto il mio portico durante i mesi estivi e primaverili. Gli conferisce anche un aspetto molto carino ed è un modo perfetto per tenere d'occhio le mie piante più reattive. Ho una piccola sorpresa per te. Ho trovato diciannove modelli di supporto per appendere le piante fai da te, tutti molto economici e semplici da creare. Puoi appenderli all'interno della tua casa o metterli sul portico per conferire eleganza e colore a qualsiasi spazio.

I ganci per piante non sono affatto difficili da produrre e le cose che puoi riutilizzare e rinnovare per crearli sono davvero tante. Puoi utilizzare da antiche gabbie di uccelli a noci di cocco vuote per dare alla casa l'aspetto che più ti piace. Le piante appese in casa non solo attirano l'attenzione, ma mantengono quelle piante in crescita al chiuso ed è molto sicuro per tutti in casa. I modelli proposti sono così semplici che potresti voler farli tutti.

Non devi nemmeno spendere molto per avere un giardino e una casa meravigliosi. Con pochi dollari e qualche ora, puoi realizzare delle bellissime fioriere pendenti fai-da-te che presenteranno tale colore e stile al portico e alla casa! Se vuoi semplicemente migliorare il tuo giardino e la tua casa quest'estate e in primavera, devi semplicemente provare questa soluzione.

1. Facile fioriera da appendere

Se hai bisogno di qualcosa di super semplice ed economico, è questa fioriera. Puoi farlo con una fioriera economica Walmart, Dollar o Target Store e quindi attaccare solo la tua corda. Mettere questo insieme richiede solo un paio di minuti e, nel caso in cui decidessi di modificarlo un po' di più, potresti dipingere qualsiasi colore tu scelga per adattarlo al tuo arredamento attuale.

2. Fioriera con la gabbia per uccelli rinnovata

Queste fantastiche gabbie antiche possono essere vendute nei negozi dell'usato e sono molto economiche. Non preoccuparti se queste gabbie hanno ammaccature o sono leggermente danneggiate, aggiungono il fascino del rustico. Arredalo semplicemente con le piante desiderate finché non hai la gabbia e coprilo con spago o corda. È un buon posto per ottenere una splendida fioriera adatta per penzolare all'interno o all'esterno.

3. Fioriera da noce di cocco rinnovata

Mi piace molto il cocco fresco; tuttavia, non so come usare le noci di cocco, tranne forse buttarle via. Trasforma il guscio di cocco cavo in una fioriera! Puoi trasformare una noce di cocco in due fioriere. Questi sono ottimi per piantare piante grasse, oppure puoi mettere una piccola composizione floreale. Sono davvero di bella presenza.

4. Fioriera di perline

Con soli dieci dollari, puoi costruire una bella fioriera da appendere. Per costruirla, hai solo bisogno di un barattolo, uno spago o una corda e alcune perline fantasiose. È semplicissimo e richiede poco tempo per essere completata. Sarebbe un fantastico regalo nel caso in cui conosci qualcuno a cui piacciono le piante penzolanti e l'aggiunta di una bella vegetazione in veranda o in casa.

5. Upgrade della fioriera sospesa fai da te

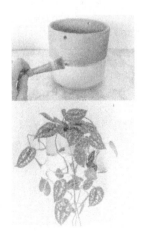

Con solo pochi materiali e un po' di tempo, puoi trasformare una comune fioriera in qualcosa di straordinario. Questo è molto bello e semplice da fare. Avrai bisogno di una semplice vite e un po' di vernice con una decorazione. Puoi fare qualsiasi stile o combinazione di colori di cui hai bisogno per adattarlo al tuo altro arredamento.

6. Fioriere da appendere fai da te in legno

Bene, non devi necessariamente usare spago o corde per realizzare adorabili fioriere da appendere. Queste fioriere da parete in legno sono molto semplici da creare ed economiche, e inoltre, si attaccano direttamente alle pareti. Sono perfette per piante grasse, oppure anche piante più grandi. Appendili nell'edificio, su un portico o sul tetto.

7. Fioriera piatto fai da te

Questo splendido piatto Umbra a motivi geometrici è l'ideale per costruire una fioriera fai da te da appendere. Puoi utilizzare qualunque piatto tu abbia. Anche un semplice barattolo può andar bene. Costruisci il ciondolo solo con una corda di spago e legalo al soffitto della tua casa o sul tetto coperto o sul portico.

8. Bellissimo giardino acquatico sospeso

Puoi costruire un bellissimo giardino acquatico penzolante che può fornirti la vegetazione che desideri e dare un aspetto davvero unico allo spazio. Per questo motivo, un acquario rinnovato è l'ideale e puoi installare qualsiasi impianto idrico che desideri. Pietre e altre decorazioni gli conferiscono un aspetto molto bello e puoi assemblarlo in soli cinque minuti.

9. Fioriera in fil di ferro fai da te

Puoi realizzare delle bellissime fioriere da appendere con il fil di ferro e un po' di vernice. Nel caso in cui tu abbia dei cestini in fil di ferro, puoi aggiungere tutte le decorazioni che desideri. Per dargli un aspetto completamente diverso e speciale, puoi dipingerli in vari tipi di colori e aggiungere perline e altre decorazioni.

10. Sfere sospese (pansy ball) fai da te

Una "palla" floreale penzolante può essere un modo adorabile per portare colore in ogni spazio della tua casa. Questa è creato con le viole del pensiero ed è semplicissima da realizzare. La fioriera verrà coperta. Si vedrà semplicemente una bella palla di fiori che puoi appendere all'aperto o al chiuso. La crei da due cestini che metterai insieme per creare una palla.

11. Fioriera realizzata con telaio da ricamo

Adoro questa fioriera riutilizzata con il telaio. Puoi crearla con le dimensioni del telaio da ricamo che hai attualmente, mettendoci dentro la pianta o utilizzando un piatto. Può essere una bellissima fioriera da appendere. Nel caso in cui tu abbia dei vecchi piatti da riutilizzare, puoi utilizzarli e creare tante fioriere diverse.

12. Mensola in legno da appendere fai da te

Questa fioriera penzolante è costruita con un piatto di legno e dà una splendida atmosfera rustica. Se non hai un piatto che puoi utilizzare, puoi facilmente crearne uno tu stesso. Quindi devi solo scegliere qualcosa con cui attaccarla - spago, corda e così via - quindi mettere la fioriera sul disco di legno.

13. Fioriera con pneumatico ristrutturato

Il vecchio pneumatico che hai trovato nel prato diventerà una grande fioriera. Beh, ci sono molti modi in cui potresti rinnovare le gomme usate, e il mio preferito è questo. Basta semplicemente far penzolare la gomma da un albero e attaccarvi la pianta - sì, è necessario un po' più di sforzo, ma è un'idea davvero semplice e fantasiosa.

14. Fioriera barattolo fai da te

Adoro i progetti con un barattolo di vetro, davvero. Sono semplici da realizzare e così belli quando sono completati. Puoi aver bisogno di un barattolo libero per costruire una pianta e poi coprirlo con delle corde, o se ti piace l'atmosfera rustica della fattoria, potresti usare lo spago. Per le piccole piante, questo è un progetto perfetto perché puoi appendere questi vasi all'interno o all'esterno.

15. Fioriera a sfera fai da te

Queste fioriere a sfera possono essere molto belle e semplici da realizzare. In realtà, sono le fioriere pendenti fai da te migliori e meno costose che potresti realizzare. Per costruirle, hai bisogno semplicemente di terra, alcune corde e muschio, ovviamente la pianta rampicante di tua scelta. Potresti anche usare delle piante grasse di tutte le dimensioni in modo da avere delle fioriere sia grandi che piccole.

16. Fioriere capovolte da appendere

Beh, adoro quelle fioriere capovolte penzolanti. Sono così divertenti e hanno un aspetto fantastico sul portico o all'interno della tua casa. Queste sono davvero semplici da realizzare e puoi usare prodotti riciclati per costruirle, quindi sono anche piuttosto economiche. Può essere un'idea perfetta riutilizzare alcuni contenitori di caffè vuoti, o se le vorresti più grandi, potresti utilizzare lattine o bottiglie da 2 litri.

17. Fioriere con bottiglie di plastica rivisitate

Conosciamo tutti queste bottiglie usate di shampoo, balsamo e lozione che buttiamo via quando si svuotano. Possiamo trasformarle in una bellissima fioriera da appendere, dato che sono davvero semplici ed economiche da realizzare. Per abbellirle, dovrai tagliare queste bottiglie e coprirle o dipingerle. Tuttavia, può essere un progetto molto semplice e anche questi potrebbero essere dei regali originali.

18. Fioriera con cesto di legno

Alcuni cesti leggeri possono essere trasformati in eleganti fioriere da appendere. Puoi dare un'occhiata a quelli meravigliosi che trovi su Etsy. Sono davvero poco costosi, circa 10 dollari ciascuno, e puoi metterci dentro le piante che desideri. Puoi anche usarli in casa e hanno un bellissimo aspetto rustico.

19. Fioriera pendente in legno

Per decorare qualsiasi stanza della tua casa, crea queste splendide fioriere pendenti. Sono molto facili da produrre e sembrano così adorabili e speciali. Puoi utilizzarle per coltivare piante più piccole che non richiedono molto spazio. Possono essere un modo ideale per aggiungere un po' di colore in casa.

CAPITOLO 8

Istruzioni passo passo e consigli professionali per l'arredo di casa e giardino in macramè

Portachiavi fai da te con nappe e macramè

Chi non ama un bel portachiavi? In particolare, una bella versione fai da te che non richiede tempo per essere realizzata, usa cose che hai già? Se hai bisogno di una scusa per creare un portachiavi personalizzato, eccola: aggiorna il tuo portachiavi!

Materiali necessari per portachiavi in macramè

• Portachiavi

• Cordoncino in cotone naturale da 5 mm

• Perline

• Filo da ricamo o filo interdentale

• Forbici

Puoi rendere fantasiosi i tuoi portachiavi con nappe o macramè avvolgendoli in diversi colori di filo.

Sottobicchieri boho rotondi fai da te in macramè

Non riesco a stare ferma ogni volta che trovo un'idea artigianale, finché non so come realizzarla, questi sottobicchieri sono l'esempio perfetto, ho già fatto un braccialetto di macramè, ma fare un macramè rotondo è strano per me. Dopo tante ricerche, ho trovato un modo ideale per realizzarli.

Di cosa hai bisogno:
• Cordoncino di cotone da 3 mm
• Qualcosa per tenere le corde, un sottobicchiere di sughero o una tavola o del nastro
• Perni per tenere se si usa il sughero
• Forbici per stoffa
• Righello o metro a nastro
• Pettine

Alberi di Natale boho

Taglia il filo in pezzi da 18-20 cm. Prendi due fili e piegali a metà in modo da formare un cappio. Posiziona uno degli anelli sotto un ramoscello. Inizia con l'estremità arcuata dell'altro filo e sposta le estremità del filo sotto il ramoscello attraverso il cappio. Fai passare attraverso il cappio sotto il ramoscello le estremità di quel filo. Tira forte e ripeti, tutto chiaro? Se hai aggiunto abbastanza fili annodati, usa una spazzola o un pettine per separare i fili. L'albero "quasi finito" sarà un po' floscio, quindi devi irrigidirlo con un po' di amido.

Una volta irrigidito, taglia l'albero di Natale boho a forma di triangolo e decoralo con piccole palline o perline. Ci vorranno circa 10 minuti per creare un intero gruppo. Penso che sarebbero dei bei regali, oppure potresti appenderli al tuo albero di Natale.

Orologio con bracciale dell'amicizia

Avrai bisogno del quadrante e del filo interdentale per iniziare. Io uso il filo interdentale nei colori del marrone, bianco e blu menta. Taglia delle strisce lunghe circa 122 cm. Avrai bisogno di 10 di questi lunghi fili per ogni lato per questo quadrante (ma taglia solo 10 in questo momento, lascia gli altri finché non sei pronto per iniziare dall'altra parte). Per iniziare a realizzare la nostra struttura, legheremo ogni pezzo di filo interdentale alla catena. Unisci le estremità di un lungo pezzo di filo interdentale e raccogli la fine. Spingi la barra e tira le estremità attraverso il cappio che hai costruito. Inizia con tutto il taglio del filo interdentale. Assicurati di mantenere i colori nel tuo motivo come li desideri. Siccome io volevo strisce spesse arancione e menta e strisce bianche sottili, il mio ordine era quindi: arancio, arancio, bianco, menta, menta, menta, menta, menta, bianco, arancio, arancio.

E ora inizierai a intrecciare il braccialetto dell'amicizia. Non avremo questa cosa strana come nella maggior parte dei braccialetti dell'amicizia che inizia con un nodo. Hai la possibilità, come qualsiasi altro braccialetto dell'amicizia, di torcerlo e poi legarlo quando lo indossi. Questa non è l'opzione più bella, ma funzionerà bene. Ma se vuoi usare le chiusure, continua a leggere.

Prendi una discreta quantità di colla quando raggiungi la lunghezza e traccia una linea dove devi tagliare. Applica la colla sui lati anteriore e posteriore dei fili. Questo terrà saldamente insieme la treccia. Ho usato la colla adesiva ad asciugatura rapida di Aleena perché sono molto impaziente. Non ci ho pensato e ho dovuto accorciare le mie cinghie dopo un paio di utilizzi. Usa delle forbici affilate per tagliare l'area in cui hai applicato la colla attraverso il cinturino. Vedi quanto bene si attacca l'uno con l'altro? Posiziona il morsetto all'estremità delle cinghie e utilizza il perno per bloccarlo saldamente. Termina con un anello di salto su uno e un anello di salto e chiusura sull'altro.

E hai finito! È un orologio da indossare piuttosto divertente e porta ad un altro livello la tendenza del braccialetto dell'amicizia. Cosa ne pensi? Ne farai uno? Sembra un grande progetto per me nel fine settimana!

Gli arcobaleni potrebbero sembrare infantili per gli adolescenti, eppure questo arcobaleno è abbastanza di buon gusto da essere altrettanto stravagante e maturo. Questo progetto fai da te sarebbe affascinante in una camera da letto o in un soggiorno e può essere personalizzato con colori distintivi. Dai un'occhiata al tutorial per ottenere informazioni extra.

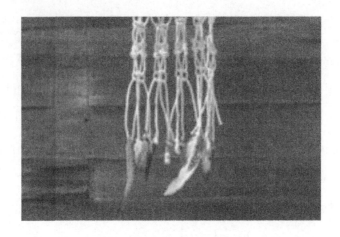

Charm in macramè e decorazione con piume

I ciondoli e le piume sono sempre belli. Aggiungono una sensazione incantevole alla tua casa e sapere che potresti realizzare decorazioni in macramè con ciondoli e piume può portare il tuo gioco di artigianato a nuovi livelli! Controlla le istruzioni di seguito e provalo tu stesso!

Di cosa hai bisogno:

- Bastone / tassello
- piume e ciondoli con fori (per inserire il filo)
- Corda per ricamo / bucato (o qualsiasi altra corda o filo che desideri)

Istruzioni:

Taglia i pezzi di corda che vuoi. Da 10 a 12 pezzi vanno bene, poi piegali a metà.

Assicurati di creare un anello a ciascuna estremità, come quelli che vedi sotto:

Quindi, avvolgi ogni pezzo di filo sul bastone.

Usa il nodo quadrato e assicurati di avere quattro fili per ogni nodo. Lascia che il filo più a sinistra attraversi i due fili e poi mettilo sopra i fili che hai nel mezzo. Mettilo anche sotto i due centrali.

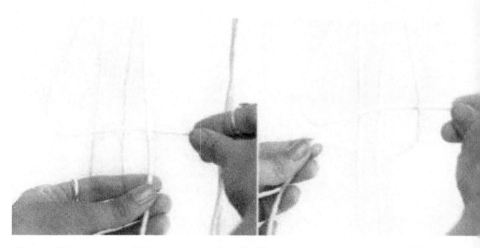

Controlla sotto i fili e lascia che il filo più a destra sia infilato sotto il cappio sul filo sinistro.

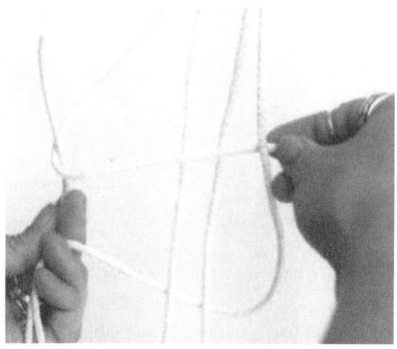

Stringi il cappio tirando insieme i fili esterni e inizia con il sinistro per ripetere il processo sui quattro fili. Vedrai quindi che si è formato un nodo quadrato dopo aver stretto insieme gli anelli.

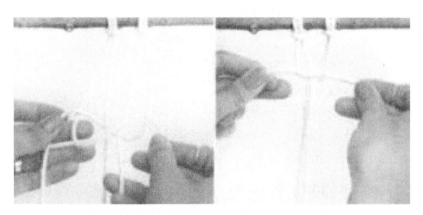

Unisci i fili insieme facendo nodi quadrati con i restanti quattro pezzi di corda e poi ripeti il processo di nuovo dal lato sinistro. Stringi il cappio tirando insieme i fili esterni e inizia con il sinistro per ripetere il processo sui quattro fili. Vedrai quindi che si è formato un nodo quadrato dopo che gli anelli sono stati stretti insieme.

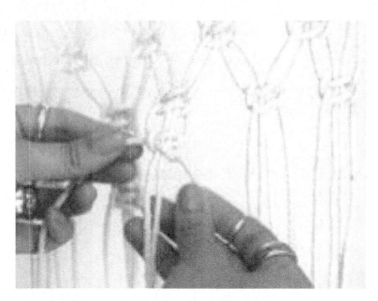

Puoi quindi fare otto nodi e poi attaccare solo ciondoli e piume all'estremità. Incollali e brucia le estremità per ottenere un effetto migliore!

Ghirlanda

Immagina di avere una ghirlanda in macramè a casa tua! Questa è ispirata alla natura ed è una delle cose più creative che potresti fare con il tuo tempo!

Di cosa hai bisogno:

- Clip o nastro

- Colla per tessuti

- Ghirlanda o cornice ad anello

- 80 iarde di corda da 30 cm

- 160 iarde di corda da 45 cm

- 140 iarde di corda da 35-40 cm

- 120 iarde di corda da 30-33 cm

Istruzioni:

Monta le corde in cima alla corona e fai il nodo della corona piegando una delle corde a metà. Lascia che le corde passino attraverso l'anello, quindi piega un nodo e assicurati di posizionarlo davanti all'anello. Lascia che gli anelli passino sopra l'anello e tirali verso di te in modo che possano passare l'area che è stata piegata.

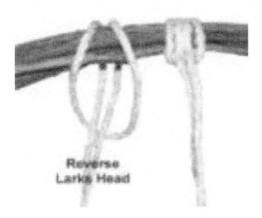

Lascia che le estremità passino sul primo anello in modo da poter lasciare spazio a qualche mezzo intoppo. Lasciali andare sopra e sotto l'anello, quindi tiralo saldamente sul cavo. In questo modo, otterrai qualcosa di simile a quello qui sotto. Ripeti questi primi passaggi finché non hai montato tutti i cavi sopra l'anello. Organizzali in gruppi di dieci.

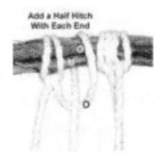

Ora puoi creare motivi simili a foglie. Per fare ciò, assicurati di numerare il primo gruppo di corde sul lato destro e fai dei semigiunti in senso antiorario. Tieni presente che devi posizionare la tavola di supporto orizzontalmente. Se vedi che è leggermente incurvato, assicurati di riposizionarlo e quindi attacca i cavi etichettati da 5 a 7. Spostalo in modo che assomigli a una posizione diagonale, quindi attacca i cavi da 8 a 10.

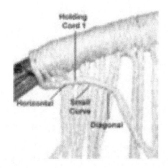

Assicurati che i nodi siano stati spinti l'uno vicino all'altro e quindi usa il cavo nell'angolo più a sinistra per abbassare la parte simile a una foglia. I primi quattro cavi dovrebbero essere insieme sulla maniglia e poi attacca i cavi etichettati da 3 a 6 al cavo di tenuta. Sposta i cavi in modo che siano in posizione orizzontale.

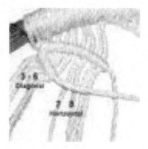

Ora, sposta il cavo verso l'alto in modo che il centro non si incurvi inutilmente. Ripeti il processo per le corde nella parte inferiore del telaio e poi inizia a fare i rami selezionando da 2 a 4 corde da ciascuna delle foglie. Non selezionare la prima e l'ultima foglia della prima e della seconda riga.

Tieni le corde con nastro adesivo o clip mentre le sposti verso il retro del disegno e decidi come separare o tenere insieme i rami. Fissa i cavi con la colla dopo averli spostati sul retro.

Avvolgi le corde di destra attorno a quelle di sinistra in modo che i rami possano essere uniti. Assicurati di usare i mezzi intoppi per avvolgere questa porzione e poi usa un set di due corde per creare un ramo.

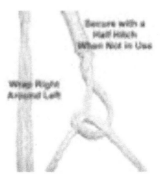

Insieme al tuo involucro, usa un altro involucro e assicurati che si uniscano tutti insieme.

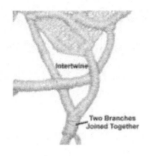

Fissa il fascio avvolgendo un cavo avvolto da 3 pollici attorno ad esso e quindi lascialo andare oltre il nodo completato.

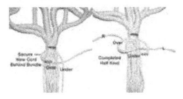

Per quanto riguarda la frangia, devi dividere i nodi in gruppi di due e assicurarti di fare un mezzo nodo sulla corda più a destra a sinistra, quindi lasciali alternare avanti e indietro continuamente sotto. Sei riuscito a coprire tutta la tua ghirlanda . Lascia che ogni nodo scivoli sotto l'intera corona e poi attacca ogni cavo all'anello stesso.

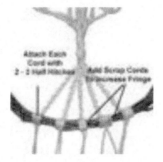

Assicurati di dividere le corde in piccoli gruppi e poi usale in modo da poter annodare i nodi. Srotola le fibre in modo da poter formare una frangia ondulata.

Questo è tutto! Ora hai la tua ghirlanda in macramè!

CAPITOLO 9

Idee uniche anche per bambini con progetti e modelli divertenti (bellissimi progetti fai da te in macramè che anche i bambini possono realizzare)

Gancio in macramè

Di cosa hai bisogno:

Perline da 12 mm

Un anello da 20 cm

Un anello da 5 cm

Filo da 4 mm

Istruzioni:

Taglia 8 fili o corde lunghi almeno 8,5 iarde e poi taglia un filo lungo 91 cm prima di tagliare altre 4 iarde di cavo.

Piega le 8,5 iarde a metà per iniziare la parte superiore del filo. Lascia che passi attraverso l'anello e lascia che alcune parti si coprano prima di scegliere due corde dall'esterno del fascio. Assicurati di abbinare le estremità e poi prova il nodo quadrato.

Dovresti trovare il centro e spostarti di 20 cm verso il basso e poi fermarti quando raggiungi 30 cm.

Avvolgi il centro un paio di volte e poi tira le estremità strettamente fino a formare un fascio robusto, quindi tira le estremità in modo che il rotolo possa ridursi.

Crea un totale di quattro spirali che potrebbero essere almeno di 50 cm e poi gestisci i cavi di riempimento aggiungendo un mezzo intoppo a loro.

Attacca le corde all'anello da 20 cm utilizzando punti doppi a mezzo gancio e quindi disponi le corde in modo che possano essere in quattro gruppi. Tira saldamente i punti in modo che ci sia abbastanza spazio e monta tutte le corde sull'anello in senso antiorario. Per coprire l'anello, assicurati di fare un mezzo nodo a ciascuna estremità.

Crea nodi quadrati alternati appena sotto l'anello e dividili in due gruppi di 40 corde ciascuno: sembra molto, ma è quello che accadrebbe naturalmente. Aggiungi del nastro alle corde che hai etichettato da 1 a 40 e poi fai un nodo mezzo quadrato ai quattro fili inseriti. Aggiungi alcune perline e poi fai di nuovo un nodo.

Aggiungi perline alle corde da 20 a 21 dopo aver usato le corde da 19 a 22 e poi fai dei nodi quadrati alternati e poi ripeti sulle corde sul lato posteriore. Aggiungi perline e fai più nodi quadrati alternati, aggiungi perline alle corde da 16 a 17 dopo aver usato le corde etichettate da 15 a 18. Lega la riga successiva senza aggiungere perline e poi usa le corde da 11 a 30. Lavora sulle corde da 12 a 29 aggiungendo perline a loro e facendo uso di nodi quadrati alternati. Ripeti la 3a fila senza perline e la 4a fila con perline e scegli quattro delle tue corde preferite per creare le frange.

Sostegno per altoparlante in macramè

Di cosa hai bisogno:

Nastro di misurazione

Colla per tessuti

Anelli in ottone

50 iarde di paracord

Istruzioni:

Taglia 16 cavi lunghi 15 iarde, poi taglia 2 cavi lunghi 2 iarde e infine taglia 2 cavi lunghi 150 cm.

Quello che devi fare è avvolgere i due anelli insieme usando 2 corde e legando con il nodo della corona. Usa dei punti a mezzo gancio per fissare la fascia e poi trova il centro della corda. Assicurati di fissarli sulla superficie e di tenerli vicini. 8 dei due cavi dovrebbero quindi essere allineati in modo centrale in modo da poter sostenere l'altoparlante.

Ora avvolgi i cavi lunghi avvolgendoli e tirandoli strettamente insieme e lasciando che la prima estremità passi sotto l'ultima bobina. Avvolgi saldamente in modo che non si srotoli.

Assicurati di tirare più cavi dai fasci e poi stringere gli involucri al centro con i cavi di lavoro. Lascia che la parte inferiore si unisca usando nodi quadrati e assicurati di andare a stringere la prima metà. Lega la seconda metà attorno alla tavola e poi gira la tavola dopo aver lasciato passare le bobine arrotolate a un'estremità dell'anello.

Usa i mezzi intoppi per sistemare il centro e lascia che i fasci arrotolati penzolino sull'altra estremità dell'anello. Piega il sennit in modo da poterlo abbinare agli ultimi due nodi, quindi avvolgilo attorno al filo di scarto. Ora, metti il gancio orizzontalmente sul tuo spazio di lavoro e fissalo con nodi quadrati.

Lascia che l'estremità di lavoro passi attraverso il centro del fascio e poi porta l'estremità di lavoro attorno al fascio che stai utilizzando. Lascialo passare sulla parte anteriore e sotto la parte posteriore del cavo e continua ad avvolgere il più saldamente possibile finché non vedi qualcosa che assomiglia a un cappio.

Togli lo spillo dall'estremità fissata e tira fino a raggiungere il nodo all'interno. Usa della colla per tessuti per rivestirlo e tagliare le estremità. Fissalo con una piccolo fiamma.

Fai 5 mezzi nodi per mantenere il gancio sicuro e inizia ad appenderlo alla parete o al soffitto, a seconda di quello che preferisci. Posiziona alcune perline prima di legare di nuovo il nodo, quindi utilizza gli stucchi come corde di lavoro prima di stringere saldamente il nodo. Crea altri 25 nodi quadrati e spingi i nodi verso l'alto per eliminare l'avvolgimento. Ripeti il processo fino alla lunghezza desiderata.

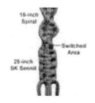

Infine, fai un nodo a otto e assicurati di tirare bene l'estremità prima di annodarne molti altri.

Collana in macramè

Questo è annodato strettamente, il che gli conferisce un forte effetto, ma comunque elegante. Questo è un buon progetto da realizzare: è bello da fare e da indossare!

Di cosa hai bisogno:

1 confezione di corde per bucato

Tintura Tulip One-Step

Colla per tessuti

Candela

Anelli di salto

Chiusura a moschettone

Istruzioni:

Lega la corda usando i nodi della corona.

Dopo aver legato, posiziona la corda annodata all'interno della confezione di tintura One-Step (puoi trovarla nella maggior parte dei negozi) e lasciala asciugare durante la notte.

Dopo averlo estratto, lascialo riposare per qualche ora e poi fissa l'estremità del nodo con colla per tessuti diluita con un po' d'acqua.

Taglia le estremità e brucia le estremità con la cera della candela.

Aggiungi gli anelli di salto all'estremità e fissali con la chiusura a moschettone.

Goditi la tua collana!

Cinturino dell'orologio in macramè

Se stai cercando modi per ravvivare il tuo orologio da polso, beh, questa è la tua occasione! Utilizza questo modello di filo dell'orologio!

Di cosa hai bisogno:

Anelli di salto

Chiusura

Estremità a crimpare da 2 mm (puoi scegliere un'altra dimensione, a seconda delle tue preferenze)

Filo da ricamo o interdentale

Orologio con montanti

Istruzioni:

Scegli i tipi di filo e i loro colori. Prendi almeno 10 fili lunghi per ogni lato dell'orologio.

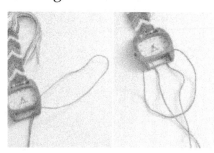

Metti ogni filo interdentale sulla barra/sui montanti dell'orologio e infila come faresti con un normale braccialetto o collana in macramè.

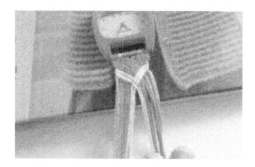

Intreccia le estremità saldamente se vuoi renderlo più elegante e taglia le estremità. Brucia con l'accendino per fissarlo prima di posizionare gli anelli di salto e la chiusura.

Indossalo e goditelo!

CAPITOLO 10

Istruzioni

Impara il macramè con istruzioni passo passo accompagnate da immagini di nodi reali.

Sostegni per piante Ayla

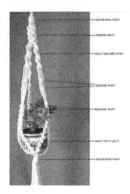

Descrizione: sostegno per appendere le piante di 60 cm e 70 cm.

Nodi utilizzati: nodo quadrato, mezzo nodo quadrato, nodo quadrato alternato, nodo a corona, nodo di raccolta e mezzo nodo.

Occorrente: 4 fili di una corda di 4 metri, 4 fili di 5 metri, 2 fili di 1 metro, 1 anello di legno di 5 cm e 4 perline di legno: diametro 10 mm.

Istruzioni passo dopo passo:

1. Piega a metà gli 8 fili di corda più lunghi attraverso l'anello di legno. Lega tutti i fili (ora 16) con 1 filo più corto di 1 m con un nodo arricciato. Taglia le estremità del cavo dopo aver legato il nodo di arricciatura.

2. Ora viene il nodo della corona. È più semplice se capovolgi il tuo progetto sulle le gambe, come mostrato nelle foto. Dividi i 16 fili in 4 serie di 4 capi ciascuno. Ogni set ha 2 fili lunghi e 2 fili più corti. Lega 5 nodi a corona in ogni set. Tira ogni filo stretto e liscio.

3. Lega 15 mezzi nodi quadrati su ogni set di quattro fili. In ogni set, i 2 fili più corti sono al centro e devi legarli con i 2 fili più lunghi più esterni. Lascia cadere 6 cm senza nodi.

4. Fai 1 nodo quadrato con ogni set.

5. Poi aggiungi la perlina di legno alle 2 corde interne di ogni set e annoda di nuovo 1 nodo quadrato con ogni set. Lascia cadere 6 cm senza nodi e lega 6 nodi quadrati con ciascuna delle 4 serie.

6. Prendi 2 capi di 1 set e fai 10 nodi di mezzo nodo alternati. Ripeti per le 2 ciocche sinistre di quel set. E poi ripeti l'operazione per tutte le serie.

7. Fai un nodo quadrato alternato per collegare le due corde di sinistra in ogni set con le due di destra del set accanto ad essa. Seguito da 3 nodi quadrati per ogni nuova serie (quindi avrai 4 nodi quadrati in totale per ogni nuova serie).

8. Posiziona il contenitore / ciotola scelto nel gancio per assicurarti che si adatti, raccogli tutti i fili insieme e poi fai un nodo con il filo più corto rimanente di 1 m. Taglia tutti i fili alla lunghezza che desideri. Se vuoi puoi sbrogliare le estremità di ogni ciocca.

Sostegno per piante Bella

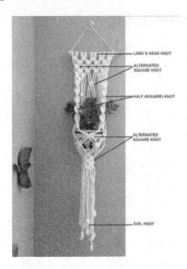

Descrizione: sostegno per appendere le piante di 60 cm (senza contare la frangia).

Occorrente: 6 fili di corda da 4 m, 4 fili di 5 m e un bastone di legno di 30 cm.

Nodi utilizzati: mezzo nodo, nodo testa di Lark, nodo quadrato (alternato) e nodo a spirale.

Istruzioni passo passo:

1. Piega tutti i fili a metà e legali al bastone di legno con il nodo testa di Lark. I fili più lunghi si trovano sul lato esterno (2 fili a sinistra e 2 a destra).

2. Fai 4 file di nodi quadrati alternati (vedi la guida ai nodi per la spiegazione).

3. Nella 5a riga, fai solo 2 nodi quadrati alternati a destra e 2 a sinistra.

4. Nella 6a riga, lega solo 1 quadrato alternato su ciascun lato.

5. Quindi, con i 4 fili sul lato, lega 25 mezzi nodi (quadrati). Fallo per entrambi i lati, sinistro e destro.

6. Prendi 4 fili dal centro del gancio della pianta, prima lascia cadere 6 cm senza nodi e poi fai un nodo quadrato con i 4 fili centrali. Ora con i 4 fili vicino al centro, lascia cadere 8 cm senza nodi e fai un nodo quadrato. Fallo per entrambi i lati (sinistro e destro).

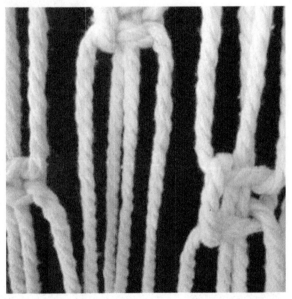

7. Abbassa 6 cm senza nodi e lega 2 nodi quadrati (alternati) prendendo 2 fili da entrambi i lati (gruppo destro e sinistro). Quindi 3 nodi quadrati alternati con gli altri gruppi. Questi nodi devono trovarsi all'incirca alla stessa altezza dove sono finiti i fili con i mezzi nodi.

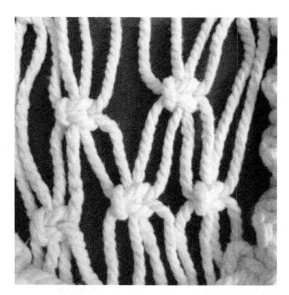

8. Prendi i 2 fili esterni del gruppo di sinistra, dove hai fatto 25 mezzi nodi, e prendi i 2 fili esterni del gruppo a destra. Prima lascia cadere 6 cm senza nodi, poi fai un nodo quadrato con questi 4 fili.

9. Fai lo stesso con il resto dei fili rimanenti, forma gruppi di 4 fili e annoda nodi quadrati alternati alla stessa altezza di quello che hai fatto nel passaggio 8. Abbassa 6 cm senza nodi e fai un'altra fila di nodi quadrati alternati utilizzando tutti i fili.

10. Lascia cadere 6 cm senza nodi e fai 5 file di nodi quadrati alternati. Fai attenzione: questa volta NON lasciare spazio tra i nodi quadrati alternati e falli il più stretti possibile.

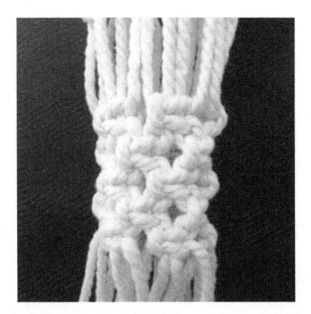

11. Lascia cadere i cm che desideri per fare la frangia e annoda a tutte le estremità un nodo arrotolato.

12. Poi taglia tutti i fili, direttamente sotto ogni nodo.

Sostegno per piante Cathy

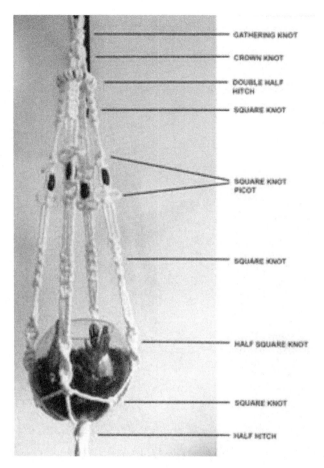

Descrizione: sostegno per appendere le piante di 85 cm (senza contare la frangia).

Occorrente: 4 perline di legno di 3 cm, anello di legno di 7,5 cm, 4 corde di 5,5 metri, 2 corde di 4,5 metri e 1 corda di 65 centimetri.

Nodi utilizzati: nodo di raccolta, nodo a corona, (doppio) mezzo nodo, (mezzo) nodo quadrato e nodo quadrato (vedi foto).

Istruzioni passo passo:

1. Piega a metà le 6 corde più lunghe, posizionando i passanti ordinatamente fianco a fianco. Usa un nodo per legare le corde insieme alla corda più corta. Ti ritroverai con dodici fili in totale.

2. Disponi i fili in quattro gruppi di tre fili ciascuno. Assicurati che ogni gruppo sia composto da 2 fili più lunghi e 1 più corto. Lega tre nodi della corona cinese con i quattro gruppi di corde.

3. Fai scivolare l'anello di legno sull'occhiello superiore e lascialo cadere a 3 cm dall'ultimo nodo della corona cinese. Con ciascuna delle dodici corde, lega un doppio mezzo nodo sull'anello per fissarlo. Avrai un anello di doppi mezzi intoppi.

4. Disponi i cavi in quattro gruppi di tre cavi ciascuno. Il cavo centrale di ogni gruppo è quello più corto, questo è chiamato il cavo di riempimento. Ripeti i passaggi da cinque a otto per ogni gruppo.

5. Lega quattro nodi quadrati, ciascuno con un cordino di riempimento più corto.

6. Salta verso il basso di 5 cm. Lega un picot con nodo quadrato.

7. Fai scorrere una perlina lungo il cavo di riempimento. Lega un altro picot con nodo quadrato direttamente sotto la perlina.

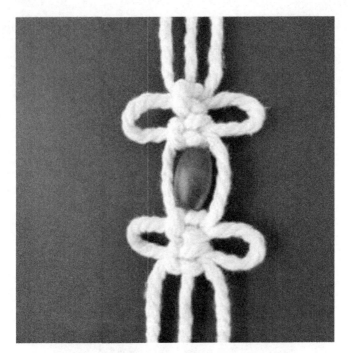

8. Salta verso il basso di 5 cm. Lega cinque nodi quadrati, ciascuno con un cordino di riempimento.

9. Salta verso il basso di 5 cm. Lega 10 nodi mezzi quadrati, ciascuno con un cordino di riempimento.

10. Ripeti la seguente procedura per ciascuno dei quattro gruppi che hai appena annodato: scendi di 6 cm; prendi una corda da ogni nodo quadrato vicino per legare un nodo quadrato SENZA un cavo di riempimento. Questo ti dà quattro nodi quadrati composti da due corde ciascuno. Le corde al centro di ogni gruppo NON sono usate per annodare.

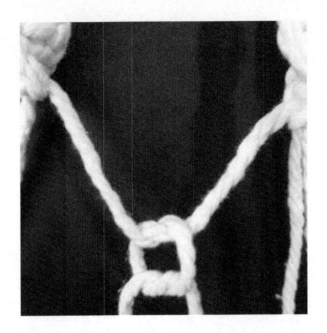

11. Scendi di 12 cm. Raccogli e lega tutte le corde insieme con una delle corde appese usando per legare 10 volte un mezzo nodo.

12. Taglia la frangia di 15 cm.

CAPITOLO 11

Il metodo più efficace per fare il macramè

Per le persone che potrebbero voler capire come fare macramè, ci sono molti modi. La creazione di nodi complicati che possono essere ulteriormente trasformati in bellissimi braccialetti, fioriere e arazzi decorativi sono ciò su cui il macramè si concentra come arte. La prima e meno confusa fase nel tentativo di capire come fare macramè è capire i nodi essenziali e un paio di diagrammi.

Internet è un posto perfetto per iniziare a cercare un modo per capire come fare. Le guide visive sono di incredibile aiuto e renderanno il lavoro di macramè più semplice. Per un sacco di persone, è molto più semplice seguire diagrammi piuttosto che indicazioni scritte che possono essere estremamente difficili da comprendere. Inoltre, quando ti sarai acclimatato con le guide visive, è arrivato il momento di prendere l'occorrente per iniziare la procedura di macramè.

Guardare un diagramma, prestando poca attenzione a quanto sia ben esaustivo e chiaro, non ti sarà di molto aiuto per lavorare in modo appropriato. È essenziale avere la corda. Come con qualsiasi arte acquisita, per imparare come fare macramè c'è bisogno anche della pratica. Procurati dei diagrammi di base per iniziare. Inizia da quelli meno complessi. Avrai la possibilità di avanzare di difficoltà dopo aver dedicato tempo ed esercizio.

Non avere fretta, lavora con calma e pazienza per capire esattamente come fare macramè. In qualsiasi momento hai acquisito familiarità con i modelli dei nodi diretti, spostati verso l'alto per creare lavori semplici come braccialetti. Oltre ai nodi, bisogna poi acquisire un occhio per le migliori colorazioni per fornire i lavori di annodatura.

I braccialetti sono fantastici per i principianti poiché sono richiesti nodi più semplici senza un alto livello di complessità. Nel momento in cui ti senti sempre più sicuro delle tue capacità, puoi gestire progetti più complicati.

Il tempo per imparare a fare il macramè si baserà su vari fattori come la rapidità con cui puoi apprendere la strategia. Se hai lavorato a maglia o cucito per un po' di tempo, il livello di complessità dovrebbe essere fondamentalmente inferiore poiché ci sono alcune somiglianze con la tecnica.

Macramè amatoriale

Più o meno come qualsiasi cosa nella vita, c'è un numero infinito di modi per apprendere un'altra abilità o mestiere. Non professerò di essere una specialista in macramè. Sono un principiante assoluto. Da principiante a principiante, ti guiderò attraverso il mio viaggio per indirizzarti.

Ti darò tutte le risorse di cui hai bisogno per individuare il tuo modo specifico per lavorare il macramè. La parte interessante è che non devi essere uno specialista per realizzare meravigliosi pezzi per la tua casa. In verità, sembra molto più difficile di quello che è.

Primo: esercitati su come fare il macramè

Per quale motivo dovresti prima esercitarti? Come quasi ogni altra cosa, questo progetto ti costerà un po'. Quanto? Il mio primo progetto mi è costato circa $ 30 per il filo di macramè e pochi dollari per il tassello di legno.

Inoltre, propongo di iniziare come ho fatto con un progetto di formazione.

Ho cercato su YouTube "tutorial semplici per il macramè" e presto, ho iniziato il mio primo progetto. Ci sono tanti esercizi e tutorial sui nodi su YouTube.

CAPITOLO 12

Macramè moderno

Gli anni '70 non sono stati la mia epoca. Significa che ho "saltato" certe cose. Cose come pantaloni a zampa d'elefante, abiti africani, cappotti bordati e macramè. Se sei un millennial (potrei osare a usare quella parola?), Potresti non aver mai saputo del macramè.

Tu ed io siamo in una situazione paragonabile. Un anno fa, qualcuno parlava delle marche che erano di moda, e hanno accennato al macramè. Ho affermato di comprendere ciò di cui stavano discutendo fino a quando non ho potuto più. Alla fine, ho dovuto ammetterlo: "Che cos'è il macramè?"

Il macramè è essenzialmente la specialità della annodatura ornamentale. Merriam Webster lo caratterizza come: "Un'opera realizzata annodando corde o linee in un esempio geometrico; allo stesso modo, la specialità di annodare nodi in motivi". Se guardi le immagini, vedrai tonnellate di design di divisori e porta piante che hanno un aspetto di pizzo.

Crescendo, a un certo punto vidi il macramè come un porta piante nella stanza di ingresso di mia nonna e mi diede l'impressione che fosse uno stile molto antico. Si scoprì alla fine che non era opera di mia nonna ma di mio padre.

Oltre al fatto che pensavo che il macramè fosse dell'epoca di mia nonna, pensavo anche che fosse un'arte, per la maggior parte, praticata dalle donne. Da quando ho imparato il macramè, ho scoperto che molti uomini di mezza età erano interessati a questa attività, ripensando agli anni '70.

Macramè demistificato

Si scopre che sapevo decisamente come fare il macramè, e molto probabilmente anche tu. Se crei bracciali in paracord, conosci il macramè. Nodi simili sono utilizzati in entrambi. Nella remota possibilità che pensi che il bracciale intrecciato di cobra fosse una cosa militare, pensaci ancora una volta. Il macramè è, per la maggior parte, composto da nodi quadrati, che hanno, in ogni caso, 4.000 anni di età, presumibilmente molto più. Ad un certo punto negli ultimi 20 anni, un uomo ha dichiarato: "Non posso indossare il macramè. Che ne dici se lo chiamiamo con un nome più estremo? Che ne dici di cobra? Sembra forte".

Così è stato concepito il bracciale in paracord "cobra". Si è scoperto che questa era solo una svolta moderna su qualcosa che era in circolazione da un po' di tempo.

Qualcosa in più da sapere

Ecco una sfiziosa storia sul macramè:

- I tessitori arabi del 1200 iniziarono a utilizzare i nodi per decorare i bordi dei materiali. Questo stile si è diffuso poi in Spagna sotto l'impatto moresco.

- Il macramè della fine del 1600 fu portato alla corte inglese di Maria II.

- I marinai britannici e americani della metà del 1800 praticavano il lavoro con i nodi in mare e li commerciavano nei porti di tutto il mondo.

- Il macramè del 1800 divenne famoso per la frivolezza dei materiali e il tema stilistico della casa, divenendo in qualche modo obsoleto con l'avvento del nuovo secolo.

- Il macramè degli anni '70 ha avuto una rinascita durante gli "anni hippy" come approccio alla decorazione, usi benefici, ad esempio, porta piante o tovaglie.

- Negli anni 2010, dopo soli 20-30 anni di impopolarità, il macramè è ormai noto come un componente dello stile hippy boho.

Il macramé oggi

Il macramè di oggi ha una sfumatura rinnovata. A meno che qualcuno non stia volutamente duplicando gli anni '70 per coordinare la loro copertina retrò, è tipicamente fatto di ogni sfumatura, generalmente bianco, pastello o toni della terra. In ogni caso, il macramè può essere realizzato in un'ampia gamma di stili. È soprattutto un bel lavoro di nodi.

In quanto negozio che vende diversi tipi di corde per la creazione, noi di Paracord Planet siamo un po' sbalorditi quando le persone cercano nel nostro sito la "linea di macramè". Tradizionalmente, veniva usata la corda di cotone e canapa. Tuttavia, quelle erano solo le corde del loro tempo, ora qualsiasi cosa va bene.

Ultimamente, anche il paracord viene spesso utilizzato. Altre corde in macramè incorporano una corda di cotone, progettata per creare una catena, una corda di manila/canapa, iuta. Qualsiasi filo può essere una corda macramè.

È facile iniziare con il macramè. È un'arte del creare, quindi chiunque può scoprire qualcosa che si adatta al proprio stile.

Conclusione

La bellezza del macramè come arte vintage che è sopravvissuta all'estinzione per secoli e ha continuato a prosperare come tecnica d'elezione per realizzare oggetti semplici ma sofisticati è semplicemente impareggiabile. Il semplice fatto abbia deciso di leggere questo manuale significa che sei sulla buona strada per fare qualcosa di eccezionale. C'è davvero una certa, ineguagliabile sensazione di soddisfazione che deriva dalla creazione del tuo capolavoro e, leggendo questo libro, hai fatto il primo passo per provare quella sensazione di euforia.

Il macramè può anche fungere da mezzo per iniziare la tua piccola impresa da sogno. Dopo aver perfezionato le tue abilità di macramè, puoi vendere comodamente i tuoi articoli e essere pagato per i tuoi prodotti, soprattutto se puoi realizzare perfettamente oggetti come i braccialetti che la gente compra molto. Potresti persino formare altre persone e avviare la tua piccola azienda che produce accessori moda macramè su misura. Le opportunità che il macramè presenta sono davvero infinite.

Dopo aver letto questo libro, non buttarlo semplicemente via. Tienilo come guida e cerca materiali più ampi per aiutarti a perfezionare le tue abilità. Questo libro spiega i nodi e i progetti di base per i principianti, ma se pratichi il macramè regolarmente, non sarai un principiante a lungo. Come affermato in precedenza, il macramè può essere molto rilassante ed è un modo fantastico per riunire familiari e amici. Come hai imparato qui, puoi insegnare ai tuoi cari alcuni di questi nodi di base e invitarli a ottenere la loro copia di questa guida per principianti. La regola più importante nel macramè è la massima: "La pratica rende perfetti". Se smetti di esercitarti costantemente, è probabile che le tue abilità si deteriorino nel tempo. Quindi mantieni le tue abilità affilate, esercita le parti creative del tuo cervello e continua a creare capolavori fatti a mano strabilianti. Gioielli e accessori moda realizzati anche con i nodi macramè più elementari sono sempre una bellezza da vedere, quindi servono come regali perfetti per i propri cari in occasioni speciali. Regalare un braccialetto in macramè a qualcuno, ad esempio, trasmette il messaggio che non ti sei solo ricordato di fargli un regalo, ma li apprezzi così tanto che hai scelto di investire il tuo tempo nella creazione di qualcosa di unico appositamente per loro, e fidati di me, questo è un messaggio molto potente. Tuttavia, la cosa più bella del macramè è forse il fatto che aiuta a creare oggetti durevoli. Quindi puoi tenere un pezzo di decorazione o un accessorio di moda che hai fatto per te per molti anni, goderti il valore e provare ancora nostalgia ogni volta che ricordi quando lo hai fatto. È anche meglio quando hai realizzato quell'oggetto per qualcuno. Questa caratteristica di durevolezza rende anche gli accessori macramè dei regali incredibilmente perfetti.

Quindi occhi aperti, continua a esercitarti e a migliorare. Benvenuto in un mondo di infinite possibilità!

Printed by Amazon Italia Logistica S.r.l.
Torrazza Piemonte (TO), Italy

50687482R00080